W0361321

hänssler

HANS STEINACKER

Johann Hinrich Wichern

Ein Menschenfischer aus Passion

Herausgeber:

Oskar Schnetter und Hans Steinacker
in Verbindung mit dem »evangelischen
Seniorenwerk – Bundesverband für
Frauen und Männer im Ruhestand e.V.«

Hans Steinacker, 1932 in Gronau in Westfalen geboren, ehemaliger Verlagsleiter, lebt als freier Publizist sowie Autor und Herausgeber von Büchern, besonders zu buchgeschichtlichen Themen der Christenheit, in Witten an der Ruhr.

In dieser Reihe sind bisher erschienen:
Oskar Schnetter: Lebens-Ziele
Folkert Ihmels: Gottes-Gaben
Theodor Schober:
Unterwegs Gott begegnen

hänssler-Taschenbuch
Bestell-Nr. 392.834
ISBN 3-7751-2834-4

Umschlaggestaltung: Bettina Steinacker, Bochum
Titelfoto: B. Steinacker
Druck und Bindung: Ebner Ulm
Printed in Germany

Inhalt

Lebensdaten

21.04.1808	Johann Hinrich Wichern in Hamburg geboren
1828–1831	Studium in Göttingen und Berlin
27.04.1833	Syndikus Dr. Sieveking bietet Wichern das alte Rauhe Haus mit 6 Morgen Land an
12.09.1833	Versammlung im Saal der Hamburger Börsenhalle und Gründungstag des Rauhen Hauses
08.11.1833	Aufnahme der ersten drei Jungen
29.10.1835	Einweihung des Mutterhauses »Grüne Tanne« und Hochzeit des Hausvaters mit Amanda Böhme
11.02.1842	Gründung der Druckerei und Buchbinderei im Rauhen Haus
01.09.1844	Eröffnung des Verlages »Agentur des Rauhen Hauses«, Ende September Gründung der Zeitschrift »Fliegende Blätter«, nachdem bereits am 11.01.1842 mit einer Druckerei und Buchbinderei begonnen wurde
22.09.1848	Wicherns berühmte Rede »Die Innere Mission als Aufgabe der Kirche« auf dem Ersten Deutschen Evangelischen Kirchentag in der Schlosskirche zu Wittenberg
23.09.1848	Gründung des Centralausschusses für Innere Mission. Vorsitzender wird der spätere Reichskanzler Dr. Theobald v. Bethmann-Hollweg, danach Wichern
16.03.1849	Bruder Timm wird als erster Stadtmissionar nach Hamburg entsandt

21.04.1849	Wichern gibt seine wegweisende »Denkschrift« über die Innere Mission heraus
03.06.1851	Ernennung Wicherns zum Doktor der Heiligen Schrift durch die theologische Fakultät Halle
11.01.1857	Ernennung D. Wicherns zum Oberkonsistorialrat, Mitglied des evangelischen Oberkirchenrates, Geheimer und Vortragender Rat im Ministerium des Innern. Winteraufenthalt künftig in Berlin
1857	Berufung durch den König von Preußen in das Innenministerium zur Durchführung der Gefängnisreformen
18.04.1872	D. Wichern kehrt ständig in das Rauhe Haus zurück und übernimmt wieder die direkte Leitung der Anstalt. Er wohnt bis 1873 in der »Grünen Tanne«.
07.04.1881	Wicherns Todestag

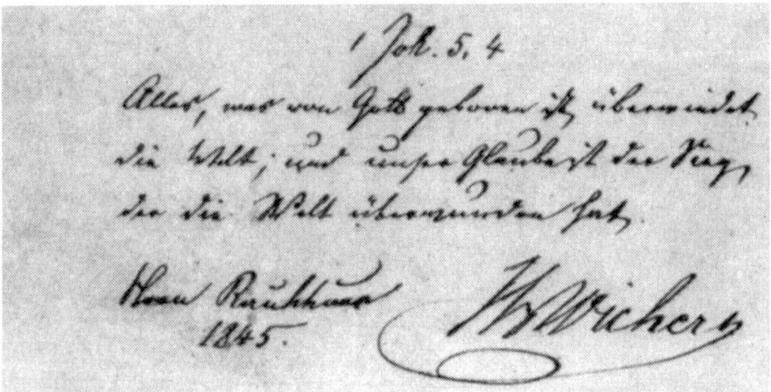

Johann Hinrich Wichern wurde am 21. April 1808 in Hamburg geboren. Mit achtzehn Jahren trifft ihn in einer Predigt von Pastor Rautenberg Gottes Ruf. Er verlässt die St. Georg-Kirche mit dem Wunsch: »Könnte die Menschenfischerei mein Handwerk werden mein Leben lang.« – Silberstiftzeichnung von Erwin Speckter 1828.

Der Spätentwickler

Gibt es die gute alte Zeit? Auch wenn 1808, im Geburtsjahr von Johann Hinrich Wichern, Ludwig van Beethoven seine 5. und 6. Symphonie komponierte, ist das beginnende Jahrhundert alles andere als beschaulich oder romantisch-rosig zu nennen. Im gleichen Jahr begründet John Dalton seine chemische Atomtheorie mit ihren unabsehbaren Folgen bis in unsere Gegenwart. Zunächst aber herrschen Krieg und Besatzung in Mitteleuropa. Engstirnige Kleinstaaterei mit absolutistischen Regierungen, Kriegsfolgen sowie wachsendes Sozialelend als Ergebnis wirtschaftlicher Verwerfungen und ungerechter Teilhabe lassen künftige politische Erdbeben ahnen.

Elend im Winter

Auch die größte Handelsstadt der Region, Hamburg und sein Umland, sind von den argen Zeitläufen betroffen. Wichern ist fünf Jahre alt, als mitten im strengen Winter des Jahres 1813 seine Heimatstadt von den Franzosen erneut »heimgesucht« wird – für kurze Zeit hatten die Russen sie als Besatzung abgelöst –, die mit brutaler Besatzermacht die Einhaltung der von Napoleon I. 1806 beschlossenen »Kontinentalsperre« zur Wirtschaftsblockade Englands überwachen. Der Militärkommandant verfügt in Erwartung einer Belagerung durch die Russen, dass alle Bürger, die sich nicht für ein halbes Jahr verproviantieren können, aus der Stadt ausgewiesen werden. Hungernde sind nicht nur wirtschaftlich lästig, sondern auch in Erwartung einer möglichen Rebellion eine Gefahr für die öffentliche Sicherheit. Aber auch vermögende Bürger verlassen die Stadt.

Ohne Ziel und Hoffnung: Austreibung der 20 000 Hamburger Bürger bei klirrender Kälte am 2. Weihnachtstag 1813.

Auch die Familie Wichern gehört zu den Ausgetriebenen. Der Vater bringt die Mutter mit Johann Hinrich und zwei jüngeren Geschwistern – später werden noch vier Kinder geboren – bei lebensgefährlichem Eisgang über die Elbe nach Cranz. Von einem von Flüchtlingen überquellenden Haus geht es von dort im April 1814 in einen Gutshof im Dorf Kuhla. Hier wird Wichern an den langen Abenden von seinem frommen und strengen Vater anhand biblischer Texte in die Kunst des Lesens und Schreibens eingeführt. Im folgenden Sommer, nachdem die Franzosen abgezogen sind, ist das Exil zu Ende, aber das Elend dieser Zeit muss sich dem Jungen lebenslang stark eingeprägt haben.

Kein Musterschüler

Mit niedersächsischer Zähigkeit und Durchsetzungskraft brachte es der hochmusikalische und sprachbegabte Vater dank der erlernten zehn Sprachen vom Mietkutscher zum vereidigten Dolmetscher und schließlich zum kaiserlichen Notar. Zielstrebigkeit und Disziplin hat Wichern vom Vater geerbt, während er seiner Mutter, die mütterlicherseits aus einem verarmten holländischen Adelsgeschlecht stammte und von frühester Jugend hart hatte arbeiten müssen, den Sinn für Pünktlichkeit und Ordnung verdankt. Noch im hohen Alter hat seine Mutter im Rauhen Haus unermüdlich Gemüse geputzt und Kartoffeln geschält.

Aber auch das ist sein mütterliches Erbe: ein jäh aufbrausendes Temperament, sein schnelles Beleidigtsein bei mangelnder Beachtung und große Unbeherrschtheit, die ihm zeitlebens zu schaffen machen und ihn immer wieder lehren sollen, Schuld zu bekennen und Vergebung zu erfahren.

Nach Hamburg zurückgekehrt, kommt der ernste, fast schmächtige Junge in eine für Knaben aus sogenannten besseren Ständen gegründete Privatschule, denn ein allgemeines Schulwesen ist zu dieser Zeit noch nicht denkbar. Schulleiter ist ein junger Theologe, der im Sinne der Pädagogik Pestalozzis sich um jeden einzelnen

Schüler müht und somit auf Johann Hinrich einen prägenden Einfluss gehabt haben mag. Sein Schulzeugnis dokumentiert eine weitgefächerte Beurteilung: »Erfreulich ist insbesondere die Entwicklung seiner Vernunft, seines religiösen Sinnes und seiner Einbildungskraft und Phantasie ... Religionsgeschichte: ... ging es vorzüglich gut, der Unterricht hat tief auf ihn gewirkt, fromme Rührungen, Empfindungen, Gesinnungen und Vorsätze erweckt.«

Ähnlich werden Wicherns Leistungen in Geschichte, Geografie, Sprache und Grammatik anerkannt, aber auch Ordnung und Fleiß sowie Gerechtigkeits- und Wahrheitsliebe, Offenherzigkeit und sein »liebevoller sanfter, freundlicher Sinn« gelobt. Und auch das wird positiv erwähnt, was dem späteren Wichern als überzeugendem Prediger und Herold einer aufrüttelnden Botschaft noch zustatten kommen soll: »Seine Stimme bildet sich schön und es lässt sich in dieser Hinsicht etwas Vorzügliches von ihm erwarten.«

Aber es gibt auch Defizite: Latein und Französisch werden getadelt und das Rechnen muss wiederholt werden. Und auch: »Die Aufsätze werden oft etwas zu nachlässig gemacht, zuweilen auch ganz gut.« Die zeitlebens schlechte Handschrift, die manchem späteren Wichern-Forscher Probleme schafft, wird gerügt: »Die Hand hätte sich besser bilden können...«

Ein unbegreiflicher Vorfall des unberechenbaren Lehrers, der böse Blutergüsse zufolge hat *(»Der Herr Lehrer hat plötzlich, obwohl ich gar nichts besonders Böses getan habe, ganz furchtbar auf mich eingeschlagen!«)*, veranlasst den besorgten Vater, den Zehnjährigen in der »Bürgerschule«, dem Johanneum, anzumelden.

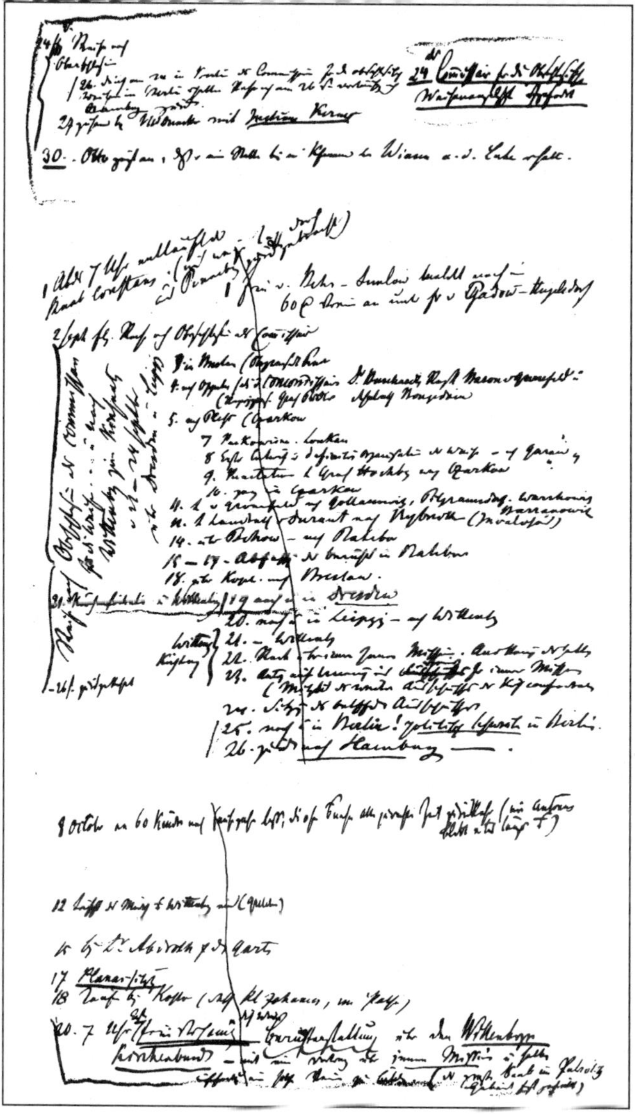

Terminkalender des vielbeschäftigten Wichern vom 24. August bis 20. Oktober 1848.

Aber auch diese Zeit als Gymnasiast ist qualvoll: zwar loben die Zeugnisse seinen Fleiß und daß der immer verschlossener werdende junge Schüler ordentlich mitkomme, aber die Mathematik-Schwächen bleiben. Wie eine Katastrophe trifft der frühe Tod des Vaters 1823 die Familie. Nachdem die Ersparnisse in der Notzeit der Franzosenbesatzung aufgebraucht wurden, stellt sich für sie die Existenzfrage. Der Fünfzehnjährige gibt zu Lasten seiner Schulaufgaben im Johanneum Privatstunden, so dass seine Zeugnisse schlechter werden. Und doch heißt es schon bald: »... In Absicht auf Fleiß und Betragen die Zufriedenheit seiner Lehrer ... Wichern wird auch bei fortgesetztem Fleiße früher Versäumtes nachholen ...«

Aber angesichts der wirtschaftlichen Probleme in der Familie kann Wichern das ersehnte Ziel, nach der Versetzung in die Prima das Reifezeugnis zu erlangen, nicht erreichen. Im lateinischen Abgangszeugnis bescheinigt der Direktor dem für die Familie sorgenden »Ältesten« »regen Eifer für alle Gebiete der Wissenschaft und ausdauernden Fleiß im Studium«, so dass er noch nachholen könne, was ihm zum theologischen Studium fehle.

Entscheidende Prägungen

In seinem Tagebuch, das er mit achtzehn Jahren zu schreiben beginnt, erinnert Wichern sich dankbar der liebevollen Zuwendung seines Vaters: »*Mein Vater war der einzige, der mich ganz verstand, mit allen meinen Gebrechen und auch mit allem, was in mir zum Licht emporstrebte... Es gehörte zu den Erquickungen nach des Tages Last und Hitze, den Vater am Kontor abzuholen, mit ihm eingehend sich über alles auszutauschen, die Arbeit, die den Abend fortgesetzt wurde, durch eine Stunde gemeinsamen Klavierspiels zu unterbrechen, bis die Mutter ans Bett gemahnte.«*

Und auch das: *»Damals wurde mir bis vor nunmehr drei Jahren alles Lernen und Auffassen unendlich schwer, alles blieb unklar, ich schien wirklich ungeheuer beschränkt. Der Durchbruch geschah damals, als Gottes Geist mich anfing von neuem zu gebären. Die Ursache ist wohl, dass mein guter Vater meine Entwicklung beschleunigen wollte. Das ging nicht und machte tot und hat den Geist ganz und gar niedergehalten. Gott hat es wohlgemacht, das ist gewisslich wahr. Einen Teil seines Ratschlusses über diesen Tod muss ich jetzt schon in meiner wunderbaren Führung erkennen.«* Dankbar schaut er auch auf seinen Konfirmator Otto Ludwig Wolters zurück: *»Dieser Unterricht ist entscheidend für mein Leben geworden. Ich danke ihm die Erkenntnis des Evangeliums.«*

Der Menschenfischer

Neue Lebenskreise – Erfahrungen für die Zukunft

Der Privatunterricht verschafft Wichern Eingang in die wohlhabenden Familien Hamburgs. Hier kann er seinen Neigungen und Begabungen nachgehen, besonders der seit Kindheit geschätzten und vom Vater geförderten Musik. Seine reine, kräftige Stimme, sein sicheres Klavierspiel verschaffen ihm Einladungen zu Hausmusiken und Kenntnis der berühmten Kantaten und Chorwerke sowie der Komponisten Mozart und Haydn. Auch sein Gespür für die schönen Künste, Theater und die Literatur werden entwickelt: Schillers »Don Carlos« begeistern ihn wie auch seine Lieblingsautoren Goethe, E.T.A. Hoffmann, Brentano, Uhland und natürlich der heimische Matthias Claudius, dessen Grab er besucht. Frömmelnde Tabus können seine Teilhabe an den kulturellen Leistungen seiner Zeit nicht hindern. Weltoffenheit wird auch durch seine Mitgliedschaft im Christlichen Verein gefördert. 1827 tritt Wichern diesem Feierabendclub bei, um sich mit anderen aufgeweckten Christen an Musik und Malerei zu erfreuen und sich durch philosophische und allgemeine Themen zu bilden. Noch im Alter kann man ihn spätabends etwa über historischen Neuerscheinungen sitzen sehen, um sich von der eintönigen Verwaltungsarbeit zu entspannen.

In dem Haus des Astronomen Repsold trifft er auf den gebildeten und frommen Schulleiter Emmanuel Pluns, der ihm 1826 eine Stelle als Erziehungsgehilfe an seiner »Christlichen Erziehungsanstalt für Knaben«

anbietet. Neben seinen Privatstunden, besonders Klavierunterricht, hat er jetzt ein festes »Gehalt«, das auch seiner Mutter und den Geschwistern eine große Hilfe ist und ihm Gelegenheit gibt, selbst Stunden für Sprachen zu nehmen. Mit großem Eifer widmet er sich seiner neuen Aufgabe, die ihm im Umgang mit den ihm anvertrauten Jungen entscheidende pädagogische Erfahrungen vermittelt und ihn zum beliebtesten Lehrer an der Schule macht. Und: Über Pluns wird er auch mit der diakonischen Pionierarbeit des Grafen von der Recke (1791–1878) aus Düsselthal bekannt gemacht, der sich beispielhaft um die Erziehung durch Armut, Alkohol und Kriminalität verwahrloster Jugendlicher kümmert. Schon von Pastor Johannes Claudius, den Wichern im gleichen Jahr kennen lernt, erfährt er von der Arbeit von der Reckes, für den der älteste Sohn des »Wandsbecker Boten« fleißig Geld sammelte. Claudius verstand es auch, Wichern den Reichtum der Erbauungsschriftsteller Thomas von Kempen (um 1379–1471) und Johannes Arnd (1555–1621) zu erschließen.

Auch in anderer Weise ist das Jahr 1826 für Wichern bedeutsam: Um das im Johanneum versäumte Abitur nachzuholen, lässt er sich am Hamburger Akademischen Gymnasium immatrikulieren. U.a. hört er bei dem gläubigen Professor Hartmann Geschichte. Ein Glücksfall für den knapp Achtzehnjährigen, denn der in der Stoffvermittlung präzise, aber in der Darbietung äußerst einfallsreiche und witzige Lehrer wird ihm zu einem väterlichen Freund, der ihm auch sein Haus öffnet. Dienstags ist Wichern fester Gast am Mittagstisch Hartmanns. Übrigens: mittwochs isst er bei seinem Patenonkel, freitags bei seinem Vormund Pastor

Strauch, samstags bei den musikbegeisterten Hübbes und montags und donnerstags bei seinem »Arbeitgeber« Pluns, der ihm jedmögliche Unterstützung gewährt und vor allem die teuren Bücher beschafft.

Wesentlich für die weitere Entwicklung Wicherns ist aber, dass sich der Professor nicht nur um die Weiterbildung Wicherns kümmert, sondern dem jungen Lehrer angesichts der großen sozialen Nöte beispielhafte Impulse christlicher Nächstenliebe für sein künftiges Lebenswerk vermitteln kann. So ist Hartmann mit dem Danziger Johannes Falk bekannt, der nach der Leipziger Schlacht (1813), als die Franzosen abzogen und tödliche Seuchen hinterließen, sich in einem kleinen Dorf um 60 Waisenkinder kümmerte. Später gründete Falk die »Gesellschaft der Freunde in der Not«, durch die er seine Verantwortung für über 200 Kinder wahrnehmen konnte, denen er neben einer Heimstatt auch eine angemessene Ausbildung zu geben wusste. – Man schreibt den 23. April 1828, als der väterliche Impulsgeber Hartmann, den er erst so kurz kennt und schätzen gelernt hat, heimgerufen wird. Erschüttert notiert Wichern in seinem Tagebuch: »*Heute bin ich zum zweiten Mal Waise geworden.*«

Trotz wachsender wirtschaftlicher Not seiner Mutter und Geschwister bringt er mit zäher Energie das Gymnasium zu Ende, um zielstrebig endlich Theologie studieren zu können. Sein großes Interesse ist auf die exegetischen Schriften Luthers und die Erweckungstheologie von Claus Harms gerichtet. »*Von der Nacht wende ich nur 4 Stunden zum Schlafen an. Meine Arbeiten währen jetzt spät, gewöhnlich bis 2, meistens hebräisch und griechisch. Am Abend nach 10 ½, sehe ich*

Anreger und Vorbilder: Johannes Falk (1768–1826) ist heute noch bekannt durch sein Lied »O du fröhliche, o du selige...«. Der blutjunge, reich begabte Mann kam zu Goethe nach Weimar, mit dem er sich wegen seines ätzenden Spottes über den Zeitgeist zerstritt; Goethe wollte ihn deswegen sogar des Landes verweisen lassen. Der spätere »Waisenhausvater« über seine Entwicklung: »...aus einem Satiriker zum Dichter, aus einem Dichter zum Naturforscher, aus einem Naturforscher zum theoretischen Philosophen und Christen, aus einem theoretischen zum praktischen Christen.« – Claus Harms (1778 – 1855), der frühere Müllerbursche und Bauernknecht, war als Student mit der rationalistischen Theologie der Aufklärung in Berührung gekommen, die er durch eine Neubesinnung auf Luther und eine erweckliche Gemeindearbeit überwinden half. Sein bis heute gültiges Wortspiel war: Die herrschende Kirchenleere kommt von der herrschenden Kirchenlehre.

mich von morgens, ich mag so früh aufstehen wie ich will, zum ersten Mal allein. Die übrige Zeit höre ich entweder Collegia oder unterrichte ich, oder führe Aufsicht über ungezogene, durchtriebene Buben. Wöchentlich gebe ich 43 Stunden!«

Diese Jahre sind aber auch prall gefüllt mit Begegnungen und Erfahrungen, die den Weg Wicherns zeitlebens prägen. In seinen Gesichtskreis treten, noch bekannt gemacht durch Hartmann, der einflussreiche

Freunde und Helfer: Amalie Sieveking (1749 – 1859) kam in jungen Jahren durch Thomas von Kempen zu einem persönlichen Verständnis der Bibel. Das Beispiel des Waisenhausvaters August Hermann Francke ermutigte sie, für eine durchgreifende Bildung und Fürsorge unterprivilegierter Kinder und Kranker, namentlich der Mädchen und Frauen, zu sorgen. – Hans Ernst von Kottwitz (1757 – 1843) war durch Erbe und Heirat sehr vermögend geworden. Der bescheidene Baron und Rittergutsbesitzer (Motto: »Führe dein Leben im Verborgenen«) war eine der herausragenden Gestalten der Berliner Erweckungsbewegung; er kümmerte sich um die bedrückende Situation der Schlesischen Weber, denen er aus seinen Mitteln moderne Manufakturen mit zeitgemäßen Arbeitsmethoden schuf, die sein Vermögen kosteten.

Senatsyndikus Karl Sieveking und seine weit über Hamburg beachtete Cousine Amalie Sieveking. Schon lange vor dem Diakonissenvater Fliedner hatte sie aus ihrer an Jesus Christus ausgerichteten Nächstenliebe die Gründung einer evangelischen Schwesternschaft in Erwägung gezogen, indem sie bereits deren Statuten entwarf, und später bei der großen Hamburger Choleraepidemie sich als Einzelne selbstlos in einem Hospital den Ärmsten zur Verfügung stellte.

Auch der einflussreiche Senator M. H. Hudtwalcker (1787–1865), der über viele Jahre Wicherns Arbeit fördert, sowie Pfarrer Rautenberg gehören zu diesem Netzwerk engagierter Christen, die sich mit der brutalen Ausbeutung und dem schreienden Elend des wachsenden Proletariats, namentlich in den wuchernden Großstädten, im Namen Jesu Christi nicht abfinden wollen. Die soziale Einmischung des Glaubens aus dem Liebesgebot des Evangeliums, das Heil und Wohl ausmacht, verlangt nach konkreten Taten. Wie in Vorahnung seines künftigen Lebenswerkes schreibt Wichern unter dem starken Eindruck einer Predigt Rautenbergs über Matthäus 18, 1–11 am 30.9.1826 prophetisch in sein Tagebuch: »*O könnte die Menschenfischerei mein Handwerk bleiben mein Leben lang.*«

Der Kandidat der Theologie

Nach einem gut bestandenen Abitur beginnt Wichern 1828 zielstrebig in Göttingen sein ersehntes Theologiestudium. Hudtwalcker und auch Hartmann hatten ihm diese Universität besonders wegen Professor Friedrich Lücke empfohlen. Vorher wurde die Finanzierung abgesprochen: U.a. hatte Amalie Sieveking 60 Mark zugesagt, 200 Mark wurden durch die Verpflichtungsliste eines Freundes garantiert, 100 Mark erhält Wichern für drei Jahre aus einem Testament und ebensoviel aus einem Stipendium. Insgesamt sind für das erste Jahr 1000 Mark sichergestellt – eine ausreichende Summe, wenn man bedenkt, dass zu der Zeit ein Paar Schuhe schon für 12 Mark zu kaufen und ein einfaches möbliertes Zimmer mit Frühstück schon für 12 bis 15 Mark zu mieten waren. Geistlicher Rat und materielle Fürsorge treuer Freunde sind ein guter Einstieg in einen wichtigen neuen Lebensabschnitt.

Auf der langwierigen Postkutschenfahrt wird er zum ersten Mal in seinem Leben in Wolfenbüttel mit Menschen konfrontiert, die in schweren Ketten dort arbeiten. »*Entsetzlicher Anblick*«, schreibt er aufgewühlt in sein Tagebuch und ahnt noch nicht, dass sich ihm die Frage des Strafvollzuges als ein brennendes Sozialproblem bis in sein hohes Alter immer wieder stellen wird.

Besonders Professor Lücke beeindruckt ihn, der sich auch persönlich um ihn kümmert und ihn in seine »Lateinische Theologische Gesellschaft« aufnimmt, in der theologische Fragen in Latein diskutiert werden. Ihm wird in dieser Zeit bewusst, dass Studium nicht nur Wissensvermittlung bedeutet, sondern dass Christentum in erster Linie Leben mit und aus Christus ist.

1830, nach anderthalb Jahren, geht er zum Weiterstudium nach Berlin, alles mit dem klaren Ziel, wissenschaftliche Erkenntnisse mit einem lebendigen Glauben zu verbinden. In einem Brief an Hudtwalcker schreibt er: »*Mit der Voraussetzung und Annahme, dass die Form nicht das Wesentliche und Unwandelbare selbst, sondern nur das Kleid derselben ausmacht, dass aber erst nach einer richtigen Erkenntnis sich das Innere als klares und bestimmtes Resultat darbieten kann, muss auch zugestanden werden, dass in Hinsicht auf sie freisteht, an der Schrift alles zu üben, was bei jedem anderen Buche ernsten Inhalts kein Bedenken erregt.*« Somit ist Glaube für Wichern nicht ein formelhaftes Buchstabenbekenntnis, sondern eine ständige und intensive Auseinandersetzung mit der Wirklichkeit der Welt: »*...dass ein Verstehen des Christentums nicht möglich ist ohne das Leben in demselben und dass dieses jenem vorangeht, so dass beide, Leben und Erkennen, in Wechselwirkung tretend sich gegenseitig bedingen und ergründen... So schafft auch das Leben im Glauben für uns Objekte, an denen wir seinen inneren Gehalt und seinen göttlichen Ursprung zu erkennen imstande sind.*«

Auf dem beschwerlichen Weg in die Hauptstadt macht er Station in Halle, um die weltbekannten Franckeschen Stiftungen kennen zu lernen. Aus dem Geist der großen kirchengeschichtlichen Erneuerungsbewegung des Pietismus, die der Frankfurter Pfarrer Philipp Jakob Spener (1635–1705) durch seine zu einem persönlichen Tatglauben führenden Thesen angesichts einer orthodoxrechthaberischen Kirchlichkeit begründete, hatte August

Hermann Francke (1663 –1727) ein weltbekanntes Liebeswerk geschaffen, das eine weit gefächerte Waisenhausarbeit, aber auch medizinische Versorgung, Welt- und Schriftenmission sowie Bibelverbreitung gleichermaßen zum Ziel hatte. Beeindruckt schreibt Wichern seiner Mutter: »*Das ganze ungeheure Werk des frommen August Hermann Francke, der es gegründet hat, macht für den, der weiß, was er an dem Halleschen Waisenhaus sieht, einen ebenso stärkenden wie erhebenden Eindruck.*« Eine wichtige Erfahrung auf dem Lebensweg des jungen Theologiestudenten.

Für das Leben lernen

In Berlin kommt Wichern fast in vorbereitete Verhältnisse: Lücke hatte ihm Empfehlungsschreiben an den berühmten Theologen Friedrich Ernst Daniel Schleiermacher (1768–1834), den beachteten Kirchengeschichtler August Neander, der ihm schon mal kurz in Hamburg bei Hudtwalcker begegnet war und der ihn sofort für den nächsten Sonntag zum Mittagessen einlud, sowie den pietistischen Prediger Hoßbach mitgegeben. Von Neander lernt er zweierlei. Einmal findet er durch ihn den Zugang zum eigenen Verständnis der Gegenwart mit ihren gewaltigen Umbrüchen, in der es zunächst um das geistliche Leben der Gläubigen und weniger um rechthaberischen Auslegungsstreit und die Gestalt der Kirche, die ja nicht von äußeren Formen abhängt, geht. Zum anderen kritisiert Neander engagiert in der »Evangelischen Kirchenzeitung« die übereifrige Denunziation und Wissenschaftsfeindlichkeit derer, die gegen die übermächtigen Rationalisten als staatsfeindliche Abweichler zu Felde ziehen und fälschlicherweise national-bürgerliches Denken sowie die Besitzansprüche des Adels im Namen der Erweckungsfrömmigkeit verteidigen.

Wichern lernt in dieser Zeit, sich für eine strikte Trennung von Staat und Kirche einzusetzen, zumal der christliche Standpunkt immer wieder leicht in Gefahr gerät, sich mit machtpolitischem Kalkül in die Angelegenheiten des Staates zu verstricken. Diese Sicht ist für den jungen Theologen angesichts seiner späteren bedeutenden, einigenden Funktion in der Kirche, besonders wenn es um die staatliche Gefängnisreform geht, äußerst wichtig. Eine gegenseitige Sympathie verbindet den bedeutenden Kirchengeschichtler mit seinem eifrigen Studenten, der im Stil seiner Zeit von ihm schwärmt: *»Professor Neander sehe ich öfters und jedesmal wird er mir teurer. So gewaltig und groß Neander sonst dasteht, so kindlich mild und von herzlicher Liebe überströmend ist er im vertrauten Gespräch. Es ist, als wenn man mit der Mutter oder mit dem liebsten leiblichen Bruder spräche...«*

Anders sein Eindruck von Georg Wilhelm Friedrich Hegel, dem großen Philosophen und Rektor der Universität der Preußischen Hauptstadt, der für Wicherns Geschichtsbild ohne Bedeutung bleibt und von dem er nur empfindet, *»als fühlte er einen kalten Luftstrom von dieser Denkergestalt ihm entgegenwehen, wie von einer Bergkuppe, die mit Eis und Schnee bedeckt ist.«*

In der Berliner Zeit Wicherns sind drei andere Begegnungen für ihn lebensentscheidend wichtig. Zunächst ist es Baron von Kottwitz, der Vater der Armen und Verachteten. Der über Siebzigjährige lebte in einer Kaserne in der Alexanderstraße wie in einer Kommune der Liebe mit allen, die krank, siech und gebrechlich zu ihm kamen. Neander hatte ihm den Besuch empfohlen und ihn auch dort schon angekündigt. Wichern empfand ihn wie *»ein johanneischer Evangelist in seinem reich, mit himmlischer Gnade und Freudigkeit geschmückten Alter«*. Wichern und andere Studenten beeindruckte es, wie Kottwitz nach dem Prinzip der Selbsthilfe, um »Tränen zu trocknen«, sein großes Vermögen für Arbeitslose und Kranke rücksichtslos in seiner Armenbeschäftigungsanstalt einsetzte und durch seine Tätigkeit als Seelsorger und Prediger eine große Ausstrahlung in der Berliner Erweckungsbewegung hatte. *»Hier lernte man aus dem Abbild das Urbild verstehen. Der Jünger warf das Licht auf den Meister.«* Wichern sah hier in der Zusammenführung von Glaube und Leben den Entwurf für das, was er später einmal als seine Idee der Inneren Mission unermüdlich propagieren sollte.

Auch den Arzt Dr. Nikolaus Heinrich Julius, einen zum Katholizismus bekehrten Juden, lernt er durch dessen »Vorlesungen über die Gefängniskunde« kennen, in damaliger Zeit ein kontroverses Tabuthema. Wichern nimmt die Gedanken des siebenundvierzigjährigen Julius begierig auf und schreibt begeistert an seine Mutter: *»Mit diesem lieben Dr. Julius werde ich immer mehr befreundet. Sein ganzes Leben hat er jetzt einem hohen Zwecke* *gewidmet, nämlich den Zustand der Gefangenen, Verbrecher und Sträflinge zu bessern durch die Gaben des Geistes, die ihm Gott gegeben. Ich setze das letzte ausdrücklich hinzu, denn anders will er es auch nicht angesehen wissen. Sein Bemühen ist, alle, die dazu wirken können, anzureizen, dass sie den Elenden und Beklagenswerten in der Nacht der Gefängnisse die tröstende und rettende Stimme und Gabe des Evangeliums bringen. Er hat deswegen jahrelang die Länder durchreist, namentlich England, um den Zustand der Verbrecher und Gefängnisse kennen zu lernen, und zuletzt seine Erfahrungen und Vorschläge in einem schönen Buch der Welt mitgeteilt. Ich bin dabei, dies Buch zu lesen und ziehe daraus vielen und mannigfachen Nutzen.«*

Eine Bereicherung sind Wicherns Besuche im Haus der Familie Semler. Der Vater, Oberfinanzrat Carl Wilhelm Salomon Semler, beeindruckt ihn im Blick auf dessen berufliche Kompetenz wie auch seinen Einsatz für andere: »*Der Geheimrat ist ein großer, stattlicher Mann, dass ich zu ihm aufsehen muß ... Dabei ein einfaches, kindliches Gemüt, voll Liebe gegen seine Freunde und warm für alles, was Evangelium und Kirche betrifft. Er arbeitet im Finanzwesen des Reichs. Er hat sich in den meisten Fächern des Wissens umgesehen, ist bis Rom und Neapel gereist, auch in Paris gewesen und wünscht nun auch noch Hamburg zu sehen, wo er unseren Syndikus Sieveking kennt, mit dem er, wenn ich nicht irre, in Petersburg bekannt geworden ist. Er leitet auch einen großen Teil des hiesigen Armenwesens und nimmt namentlich an den Bemühungen für die Verbesserung des Gefangenenwesens Anteil. Nach alledem könnt ihr annehmen, dass das Zusammensein mit diesen Leuten mir Freude machen muss.*«

1831 beendet Wichern sein Studium und kehrt nach Hamburg zurück, um sich dort auf sein theologisches Examen vorzubereiten. Es ist ein Jahr großer politischer und geistesgeschichtlicher Verwerfungen. In Polen tobt ein Aufstand, Belgien und Frankreich werden von Revolutionen erschüttert. Die Verschärfung der sozialen Konflikte bringen überall in Europa das Gespenst des Kommunismus mit sich. Dazu breiten sich vor allem die Naturwissenschaften aus und erschüttern gewohnte Denkkategorien, auch theologische und kirchliche. Für ihn persönlich bedeutet diese Zeit, die intensiv mit Nachhilfestunden zur Unterstützung seiner Familie und Prüfungsvorbereitungen ausgefüllt ist, auch den plötzlichen Tod seiner zweiundzwanzigjährigen Schwester Caroline. Sie stirbt zwar nicht an der Cholera, aber die ganze Stadt wird zwischen Oktober 1831 und Januar 1832 von dieser heimtückischen Seuche heimgesucht.

Wichern besteht 1832 das theologische Examen. Er hat nie das zweite Examen abgelegt, um Pfarrer werden zu können. Die Tatsache, dass die Hamburger Kirche zu der Zeit keine Pfarrstellen zu vergeben hatte, bestimmt seinen Lebensweg. Der spätere Ehrendoktor und Oberkonsistorialrat Johann Hinrich Wichern bleibt zeitlebens ein Kandidat der Theologie.

Der Vorsteher des Rauhen Hauses

Der Vorsteher – ein antiquierter Begriff für eine wichtige Leitungsaufgabe, die heute mit der Bezeichnung Direktor, Geschäftsführer oder Leiter einer größeren Unternehmung bezeichnet wird. Bis dahin war es für Wichern jedoch noch ein weiter Weg.

Es traf sich, dass in dieser Zeit Pastor Rautenberg für die von ihm schon 1825 gegründete Sonntagsschule für entwurzelte Jugendliche einen Oberlehrer suchte. Die sozialen Nöte explodieren auch in der großen Hafenstadt. Zahlenmäßig gehört inzwischen die Hälfte seiner Gemeinde zum hungernden Proletariat. Rautenberg gewinnt den jungen Kandidaten der Theologie, den er am 24. Juni 1832 mit dem treffenden Wort »Ich habe keinen, der so ganz meines Sinnes ist, der so herzlich für euch sorgen wird (Philipper 2,20)« in das schier unüberschaubare Aufgabengebiet einführt. Es wird nun für Wichern konkret, was er schon 1826 bei der ihn aufwühlenden Predigt Rautenbergs gespürt hatte: er stellt sich in den Dienst des Menschenfischers Jesus Christus.

Zur gleichen Zeit tritt Wichern auch Rautenbergs »Männlichem Besuchsverein« bei, der nach angelsächsischen Vorbildern eine beispielhafte ganzheitliche Stadtmissionsarbeit entwickeln will. Eine zündende Aufforderung zum missionarisch-diakonischen Handeln ist uns von Rautenberg erhalten: »Und können wir denn nicht helfen? Was hält uns, dass wir nicht zutreten und anfassen? Was hindert uns, gleich unseren Brüdern in London, Glasgow, New York und mehreren großen

Städten Englands und Nordamerikas Missionare zu werden für das mehr als heidnische Elend in unseren Mauern. Was hindert uns hinzugehen in die Hütten des Unheils, an welche wir hier gedenken, den Jammer mit eigenen Augen zu sehen und die armen Leute zu bitten und zu ermahnen, dass sie sich selbst, dass sie mindestens doch ihre unglücklichen Kinder retten lassen aus den Stricken des Todes ...«

Hütten des Unheils

Das »Hineingehen in die Hütten des Unheils« bedeutet aber mehr als unverbindliche Hausbesuche in den Elendsquartieren zum Erhalt volkskirchlicher Strukturen. Es ist die Basis einer tief greifenden Liebesarbeit, begründet allein aus dem Evangelium, die den Menschen total sieht und keinen Bereich seiner Existenz ausklammern will. »Innere Mission« als Zielpunkt dessen, was die Bibel mit Heil und Wohl für alle Menschen meint.

Hausbesuche sind für Wichern somit keine Plauderstunden. Seine nachfolgenden Milieuschilderungen aus den Hamburger Slums machen die große Herausforderung deutlich:

»In einem Zimmer des alten Hauses wohnt ein wilder Mensch, ein Wall- oder Chausseearbeiter, ein entsetzlicher Trunkenbold; eine Kinderbettstelle, ein wenig zerbrochenes anderes Mobiliar und ekelhafter Schmutz füllen diese Behausung. Zwei junge Kinder von gewaltiger Leibesform, welche den Tag über sich herumtreiben, sind die übrigen Stubengenossen. Bis zum letzten Frühjahr hatte dieser Mensch einen Neffen bei sich, der seinen

Vater und seine Mutter nie gesehen hat; derselbe ist 18 Jahre alt, sammelte bis vorigen Winter am Tage die Lumpen, aus denen er des Nachts Kopfkissen bereitete; Wäsche hatte er im letzten Winter nicht auf dem Leibe ...

Mitbewohnerin dieses Saales ist ein Weib mit entstelltem Angesicht, dem Trunke, wie der Erstgenannte, auf eine abscheuliche Weise ergeben, vergehend in Schmutz und Unrat; in ihrer Kammer atmet sie eine Luft, in der zu atmen wir noch nicht imstande gewesen sind, wiewohl wir gerade in dieser Hinsicht nicht Weniges in dieser Art Wohnungen haben überwinden gelernt. Die älteste Tochter, eben 18 Jahre alt, hat wegen Hausdiebstahls bereits ein Jahr lang ihren Aufenthalt im Spinnhause (Frauengefängnis) gehabt; sie war zu dieser Dieberei von einer uns gleichfalls nicht unbekannten Altersgenossin verführt ...

Diesem Saale gegenüber wohnt eine andere Familie, bestehend aus einer Mutter und sieben unerwachsenen Kindern. Den zehnjährigen Buben trafen wir vorigen Winter in Lumpen, ohne Wäsche, auf dem Feuerherd in der Asche hingekauert. Als wir neulich eintraten, fanden wir in dem leeren Gemach ein kleines Kind an der Mutterbrust; ein anderes zehnwöchiges in Lappen gewickelt, auf einem Strohhaufen winselnd ...

Eine Treppe höher in einer Dachwohnung leben zwei in wilder Ehe. Vor einigen Jahren hatten jene Menschen (dürfen wir sie noch Eltern nennen?) ihren armen Knaben eingesperrt, um ihn erfrieren und verhungern zu lassen. Das Gewinsel des Knaben zog die Nachbarn herbei; so ist er gerettet, hat aber an dem einen Fuß einen Teil der Zehen und an der einen Hand die Hälfte der Finger eingebüßt.«

Hütten des Unheils als Brutstätten von Alkoholismus, Krankheit, Kriminalität und Prostitution: Das Hamburger Gängeviertel Ende des 19. Jahrhunderts.

Wichern ist sehr beschäftigt. Er hält und besucht Missions- und Bibelstunden, entwirft immer wieder Pläne und informiert darüber. Heimlich spielt er mit dem Gedanken, dem Besuchsverein ein Rettungshaus, noch besser ein Rettungsdorf zur Betreuung verwahrloster Kinder »rund um die Uhr« anzugliedern. Denn solche Einrichtungen gibt es bereits in Düsselthal am Rhein, in Korntal in Württemberg und schon lange in Halle. Wichern und seine Freunde denken und leben vom Zentrum in die Weite. Er berichtet aus der 7. Versammlung des Besuchsvereins am 8. Oktober 1832: »*Wir Teilnehmer an dem still wirkenden Besuchsverein wussten gewiss, dass der Glaube an Christus, der aus dem alten Menschen einen neuen zu schaffen imstande ist, auch unseren armen Mitbrüdern helfen könne und helfen müsse, wenn sie dieses Heil nur annehmen wollten. Mit dem Worte von seiner Liebe ausgerüstet, gingen wir Männer allerlei Alters und Standes fröhlich und getrost in die Wohnungen der lieben Armen, die Gottes Wort oft kaum dem Namen nach kennen.«*

Eine Idee mit Folgen

In dem Protokoll der Sitzung vom gleichen Tag heißt es: »Nachdem mehrere traurige Fälle von verwahrlosten Kindern vorgetragen waren, wurde der Vorschlag gemacht, von seiten des Besuchsvereins eine Anstalt zur Rettung verwahrloster Kinder zu errichten. Da aber dies Unternehmen, wie das Franckesche, das von der Reckesche und ähnliche, ein Glaubenswerk sein muss, weil kein Geld dazu vorhanden ist, so wurde den sämtlichen Mitgliedern ans Herz gelegt, zuvor die Sache im Gebet zu überlegen, ob sie auch den Glauben haben, den Anfang so ohne Geld damit zu machen. In der nächsten Versammlung soll dann ein Beschluss in dieser Angelegenheit gefasst werden.«

Unermüdlich wirbt er angesichts des wachsenden Elends um Unterstützung. Hinrich Wichern ist noch keine 25 Jahre alt, als er am 25. Februar 1833 über tausend Hörer, für diese Zeit eine gewaltige Menschenmenge, in einer zündenden Rede aufruft, für dieses Werk Geld und Hilfsgüter zu spenden, aber auch persönlich mitzuarbeiten. Unter ihnen ist ein junges Mädchen, Amanda Böhme. Was Wichern noch nicht weiß: Er hat an diesem Tag nicht nur eine neue Mitarbeiterin, sondern auch seine spätere Ehefrau gefunden.

Am denkwürdigen 12. September 1833 eröffnet Senatsyndikus Karl Sieveking um 18 Uhr in dem überfüllten Auktionssaal der Börsenhalle eine öffentliche Informationsveranstaltung. Unter ihnen viele Neugierige, Spötter und Zweifler. Nach einem Entwurf Wicherns formuliert Sieveking drei sogenannte Propositionen, die ein weit gespanntes Konzept des künftigen Rettungsdorfes darstellen, und in einem bebilderten Werbeprospekt, ganz im Sinne moderner Public Relation, wird das Vorhaben eingehend beschrieben. Vorausschauend findet sich in dem Planungsentwurf der gesponserten Druckschrift die Vorsteherwohnung unter einer Glocke, die zum Gebet einlädt.

Es sind 17 herausragende Persönlichkeiten aus dem Hamburger Bürgertum, die tatkräftigen Christusglauben mit praktischem Geschäftssinn zu verbinden wissen und sich der neuen Aufgabe zur Verfügung stellen. Sieveking hatte als engagierter Christ und einflussreicher Jurist einen guten Zugang zu ihnen: Männer aus Staat und Kirche, Handel und Politik, auch Wissenschaft und Kunst, unter ihnen Senator Martin H. Hudtwalcker, mit dem Sieveking sich gut versteht, und Erwin Speckter, dem wir ein sicher im Stil der Zeit idealisierendes, aber doch interessantes Silberstiftporträt des zwanzigjährigen Wichern verdanken: ein gutaussehender junger Mann blickt uns mit einem freundlichen Gesichtsausdruck an.

Sieveking war eine vielseitige Persönlichkeit. In Heidelberg und Göttingen hatte er Rechte und Geschichte studiert und nach seiner Promotion eine interessante Arbeit über die platonische Akademie in Florenz verfasst. Er traf mit Alexander von Humboldt, Goethe, Uhland und Chamisso sowie dem berühmten Talleyrand

Christen mit Weitblick: Senatsyndikus Karl Sieveking, einflussreicher Jurist, erster Präses des Rauhen Hauses, war lebenslang mit Wichern verbunden. – Senator Martin H. Hudtwalcker, Präsident der Hamburgischen-Altonaischen Bibelanstalt und der erste Vorsitzende im Verwaltungsrat des Rauhen Hauses, der entscheidend die Gründung des Verlages »Agentur des Rauhen Hauses« betrieb.

zusammen. Sein diplomatischer Dienst führte ihn von Paris nach Petersburg, wo er Könige und Fürsten persönlich kennen lernte. Einen Tag vor der Schlacht von Waterloo war er in Brüssel bei Wellington. Über allem diente er jedoch seinem Herrn Jesus Christus, indem er sich dem Werk Wicherns für die Ärmsten der Armen in seiner Vaterstadt rastlos zur Verfügung stellte.

Gott gibt Geld, Grundstück und Gebäude

Zu der großen Idee kamen die vielen kleinen und großen Schritte, Enttäuschungen und Ermutigungen. Am Anfang stand eine Spende von 300 Mark, ein Betrag, der vom Kaufwert heute etwa das fünfzehnfache ausmacht. Er war vom Spender zweckgebunden für ein Hilfswerk vorgesehen und musste, wie damals üblich, von einem angesehenen Bürgen im Hinblick auf die richtige Verwendung quittiert werden. Erst so erfährt Hudtwalcker von dem Projekt eines Rettungshauses und wird sogleich veranlasst, aus dem Erbe seiner Familie, die das Geld der Kirche zugedacht hatte, die unvorstellbare Summe von 17 500 Mark bereitzustellen. Unterschiedliche Menschen werden zu einem großen Netzwerk christlicher Nächstenliebe verbunden, in das jeder im Rahmen seiner Begabungen investiert. Es bleibt zu erwähnen, dass Sieveking das Gelände mit dem ersten Haus einbrachte.

Das gab dem Senatsyndikus den Mut, auch andere um tatkräftige Unterstützung zu bitten. So den bekannten Architekt A. de Chateauneuf, der nach dem großen Brand 1842 den Wiederaufbau Hamburgs mitplante. Freimütig schrieb er ihm: »Fürs erste müssen Sie schon mir zu Gefallen das Amt eines Baumeisters des Rettungsdorfes unentgeltlich übernehmen. Kommt die Anstalt auf einen grünen Zweig, so wird sie sich hoffentlich erkenntlich beweisen. In jedem Fall haben Sie Gottes Lohn für die Brosamen vom Tisch der Reichen oder vielmehr für die Späne von ihren Balken, die Sie den Verwahrlosten geben. Vorgestern sind schon ein paar Bettler eingezogen. Morgen kommt ein Dieb. Bei dem Charakter des Vorstehers, der sich auf das schönste bewährt, zweifle ich kaum an dem Resultat dieser etwas gewagten Unternehmung.«

Das Rauhe Haus

Über die Bedeutung des Namens »Ruge Hus« ist oft gerätselt worden. In einem Kontrakt vom 28.2.1786 findet sich zum ersten Mal die Bezeichnung »bey dem sogenannten Rougenhouse«. Ob in früheren Zeiten die Besitzer Hans Rugekar (bis 1610) oder nach Registern von 1761 und 1769 Sara Helene Ruge hießen und somit auf den Namen »Ruges Haus« schließen lassen, kann nicht eindeutig festgestellt werden. Oder ist »ruge« nur die plattdeutsche Variante von »rau«? Wie dem auch sein mag, auch bei der Pädagogik des 19. Jahrhunderts, die wir uns heute kaum noch vorstellen können, eine »rauhe Erziehungsanstalt« war diese diakonische Einrichtung aus dem Geiste des Evangeliums nie!

Am 31. Oktober 1833 zieht Wichern mit seiner Mutter, seinem Bruder Wilhelm und seiner Schwester Therese in das Rauhe Haus, um mit drei Jungen eine für Deutschland beispielhafte Arbeit zu beginnen. Bereits im Frühjahr 1834 sind es vierzehn Jungen, zwischen fünf und achtzehn Jahr alt, die aus bedrückenden Verhältnissen stammen. *»Bis auf einen waren sie sämtlich in gänzlicher Verwahrlosung und Verwilderung aufgewachsen. Acht von vierzehn waren außer der Ehe geboren, die ehelichen bis auf zwei aber unter dem Einflusse verbrecherischer oder frevelhafter und trunkfälliger Eltern großgeworden... – Durch Bettelei und andere Anleitung hatten mehrere es bis zur Gewohnheit des hartnäckigen Lügens und im Stehlen bis zu dem Grade gebracht, dass einer derselben sich in seinem dreizehnten Jahr schon zu 92 Diebstählen vor der Polizei bekannte...«*, notiert Wichern.

Das alte Rauhe Haus mit dem großen Grundstück in Horn, auf dem sich unter der schönsten Kastanie weit und breit nur eine strohgedeckte Kate mit einem Brunnen und einem Fischteich befanden, war die Urzelle des weit über Deutschland bekannt gewordenen Rettungsdorfes. 1943 ist es mit dem gesamten Inventar durch Bomben zerstört worden. – Blick in die Stube des alten Rauhen Hauses, in dem Wichern am 7.11.1833 mit drei Jungen das Werk der Inneren Mission begann; in dem Obergeschoss schliefen er und die Jungen.

Aber für ihn sind die ihm anvertrauten Kinder keine Erziehungsobjekte, sondern »Erwählte der Liebe Gottes.« Deshalb sind Liebe und Vergebung statt Strafe und Ablehnung das erklärte Erziehungsziel Wicherns, wenn er seine neuen Schutzbefohlenen willkommen heißt: *»Mein Kind, dir ist alles vergeben! Sieh um dich her, in was für ein Haus du aufgenommen bist! Hier ist keine Mauer, kein Graben, kein Riegel; nur mit einer schweren Kette binden wir dich hier, du magst wollen oder nicht, du magst sie zerreißen, wenn du kannst; diese heißt Liebe, und ihr Maß ist Geduld.«*

Es sind die Prinzipien des gelebten Evangeliums, denn *»wo dieser Geist wohnt, da schlagen die Herzen ohne Falsch und Heuchelei, da offenbaren sich Wahrheit, Weisheit und Gerechtigkeit, da leben freie, fröhliche, gesunde, geduldige und gottergebene Herzen und Sinne ... Und von wem anders sollten wir diesen guten Geist erwarten als von dem Gott, der in Christus die Menschheit wiederum begrüßte, sie erlöset und beseligt hat?«*

Da für ihn die *»Familie der natürliche sittliche Kreis ist, in welchem das Gute ins menschliche Gemüt hineingelegt und in welchem es gepflegt und geschützt werden soll...«*, werden später in jedem Haus drei bis vier solcher Familien mit je höchstens zwölf Kindern wohnen. Der Vorsteher des Werkes selbst, in dessen Wohnung die Kranken gepflegt und die neuen Kinder zur Aufnahme vorbereitet werden, entscheidet über den angemessenen Platz.

Das Liebeswerk wächst: neue Familien werden gegründet und geeignete Gehilfen gesucht, da die ursprüngliche Kate für inzwischen 24 Jungen zu klein geworden ist und auch Mädchen ihren Platz in dem Rettungsdorf finden sollen. Bereits 1834 kann der Architekt Chateauneuf seine Pläne mit dem Bau des »Schweizerhauses« verwirklichen, ein für damalige Verhältnisse modernes Projekt mit einem Bad im Keller, einem großen Andachts- und Speisesaal und – einer Werkstatt. Denn es geht nicht nur um die Beherbergung, sondern auch um eine fundierte Ausbildung der jungen Menschen durch die verschiedensten handwerklichen Berufe.

Kurz danach entsteht die »Tanne« für die Hauseltern, neueintretende und kranke Kinder sowie als Lehrhaus für Mädchen. Mit der Einweihung dieses »Mutterhauses« am 29.10.1835 wird gleichzeitig die Hochzeit des Hausvaters mit Amanda Böhme verbunden, deren Ehe acht Kinder geschenkt werden und von denen sein Sohn D. Johannes einmal die Nachfolge im Vorsteheramt übernehmen wird (1873–1901). Wie wir von Zeitgenossen wissen, können wir uns Amanda als Vorbild einer evangelischen Pfarrfrau vorstellen. Sie packt nicht nur überall im Haus mit an, sondern sie ist auch ein gutes Korrektiv für ihren reizbaren, ungeduldigen, oft hektischen Ehemann, der sich gelegentlich an den Entscheidungen des Verwaltungsrates reibt oder mit einem Bruder nicht zurecht kommt. Besonders in seiner ersten Berliner Zeit muss er lernen, seine Zunge zu zügeln.

Die rasche Entwicklung des Werkes lässt sich auch an der Entstehung neuer Gebäude darstellen, die von einfachen und prominenten Freunden, etwa Großherzog Friedrich Franz II. von Mecklenburg-Schwerin oder Fürst von Schönburg-Waldenburg, im Inland bis nach Nordamerika gefördert werden: u.a. 1841 der erste »Bienenkorb«, 1845 die »Fischerhütte«, 1847 die »Hirtenhütte«, 1852 das Pensionat »Weinberg«, 1854 die »Schönburg«. Bis Wicherns Tod entstehen noch 1873 die »Linde« und 1878 die »Eiche«, ein beachtliches Gemeinwesen, zu dem bis 1850 schon dreizehn und 1883 sogar dreißig Häuser gehören und das auch Kritiker auf den Plan ruft. Schreibt doch das »Dresdner Abendblatt«, man wolle sich mit diesem Liebeswerk nur »einen großen Namen machen.« Der Hauptpastor

Die Rettungsanstalt nach den Vorstellungen Wicherns (nach einer Zeichnung Chateauneufs).

Das »Schweizerhaus« 1834.

Der neue »Bienenkorb« 1877.

Das Familienzimmer im »Bienenkorb«, etwa 1880.

Die Buchhandlung und der Verlag (Agentur).

Der Betsaal im Rauhen Haus.

an der Jakobikirche, Moritz Schmaltz, greift Wichern anlässlich eines geselligen Zusammenseins bei Sieveking öffentlich mit dem unhaltbaren Vorwurf an, er hätte die Leitung dieser Einrichtung nur übernommen, »um Geld zu machen«.

Bei allem bleibt Wichern, für den allein »Jesus Christus der Stifter des Rauhen Hauses« ist, auch in seiner eigenen Lebensführung bescheiden. Erst nach 1½ Jahren wurde ein Jahresgehalt von 1500 Mark vereinbart, nachdem er die angebotenen 2400 Mark abgelehnt hatte. Seine Arbeit geschah auch ohne eine Altersversorgung bzw. Absicherung für den Fall, dass das Werk aus irgendwelchen Gründen eingestellt werden müsste.

Glaube, Hoffnung, Lesen

Um den wachsenden Freundeskreis über den Fortgang des Werkes zu informieren und zur tatkräftigen Mithilfe zu animieren, werden von Anfang an Prospekte und Broschüren, Jahresberichte, »Festbüchlein«, »Der Bergedorfer Bote«, »Der Rauhäusler Bote« herausgegeben. Wicherns »Fliegende Blätter« sind darüber hinaus seine Einfluss nehmende publizistische Plattform, um seinen Ruf an das soziale Gewissen der Zeit und zugleich zur Einigung des gesamten deutschen Protestantismus durch die Tat der christlichen Liebe hinauszutragen.

Schon 1834, kaum ein Jahr nach der Gründung des Rauhen Hauses, stellt Wichern in einem Memorandum, das aber noch kein Echo auslöst, fest: »*Die Einrichtung einer Druckerei ist für unsere Anstalt aus erzieherischen, sittlichen Gründen dringend wünschenswert.*«

Nr. 1.
Ausgeg. gegen Ende Sept. 1844.

(I. Serie, 1. u. 2. Bogen.)

Einzelne Bogen werden nicht verkauft.
12 Bog. 12fl. od. 10Sgr. od. 8Gg

Fliegende Blätter
als
offener Brief
aus dem
Rauhen Hause zu Horn bei Hamburg
von
J. H. Wichern,
Vorsteher des Rauhen Hauses.

In Sachen freier Vereine, Anstalten etc.

Die »Fliegenden Blätter« im Dienst der Inneren Mission.

Die erste hölzerne Gutenbergpresse wurde Johann Hinrich Wichern von dem Buchdrucker Friedrich Hermann Neslter zur Gründung der Druckerei geschenkt.

Die neuzeitlichen Drucktechniken machten es möglich, Literatur, und darunter natürlich viel zweifelhafte und minderwertige, zu wohlfeilen Preisen unters Volk zu bringen. Wichern wollte der sich verbreitenden »Entartung der Lesewut« mit Alternativen wirksam entgegentreten.

Erst 1840, zur »Jubelfeier der Buchdruckerkunst«, bekam Wichern von einem Buchdrucker eine alte hölzerne Gutenbergpresse als Starthilfe für seine Zwecke geschenkt. Senator Hudtwalcker nahm sich des neuen Projektes an, und bald war ein kleines Kapital von 25 zinslosen Aktien zu je 100 Mark für die Einrichtung einer selbstständigen Druckerei bereitgestellt, die in dem Keller des »Schweizerhauses« betrieben wurde.

Freitag, den 11. Februar 1842

ist dieser erste Druck

in der

B u c h d r u c k e r e i

des

Rauhen Hauses

in Gegenwart aller Hausgenossen zu deren Freude und Bewunderung ausgeführt.

Der 23ste Psalm:

Der Herr ist mein Hirte; mir wird nichts mangeln. Er weidet mich auf einer grünen Aue und führet mich zum frischen Wasser; er erquicket meine Seele; er führet mich auf rechter Straße um seines Namens willen. Und ob ich schon wanderte im finstern Thal, fürchte ich kein Unglück, denn du bist bei mir; dein Stecken und Stab trösten mich. Du bereitest vor mir einen Tisch gegen meine Feinde, du salbest mein Haupt mit Oel und schenkest mir voll ein. Gutes und Barmherzigkeit werden mir folgen mein Lebenlang, und ich werde bleiben im Hause des Herrn immerdar.

****

Der erste Druck im Rauhen Haus am 11. Februar 1842 war der Psalm 23.

Der bekannte Leipziger Buchhändler Carl Tauchnitz aus Leipzig, ein Förderer der Idee Wicherns, riet ihm zur wirtschaftlichen Ausnutzung des Unternehmens, sogar zur Gründung eines Verlages, und stellte ihm den halben Anfangsbedarf von etwa zwei Zentner Schriftsatz zur Verfügung. Mit der »Agentur des Rauhen Hauses« konnte Wichern eine alte volksmissionarische Tradition neu beginnen, die bereits Francke in seinem Halleschen Waisenhaus wirkungsvoll begründet hatte und die klug in England genutzt wurde. Hieß doch schon das Prinzip des englischen Erweckungspredigers John Wesley (1703 – 1791): Preach and print!

Der Beweger

Das entscheidende Jahr 1848

Inzwischen sind das beispielhafte Werk und sein unermütlicher Promotor weit über Hamburg bekannt. Wichern unternimmt als Redner und Publizist Reisen nach Berlin, Bremen, Mecklenburg, Osnabrück, nicht nur, um das einzigartige Modell seines Rettungshauses vorzustellen, sondern um angesichts einer in innerkirchliche Flügelkämpfen zerfallenen und in politische Ambitionen verquickten Kirche an deren ureigenste Aufgabe zu erinnern. Allein bis zu 4000 Briefe schreibt er im Jahr, alles angesichts der in die soziale Verelendung geratenen Arbeitermassen mit dem Ziel, durchgreifende Veränderungen als ein Zeugnis christlicher Liebe zu ihrem Wohl einzuleiten.

Sein Themenkatalog ist unerschöpflich, wie die Titel seiner bzw. von ihm inspirierten Broschüren belegen: »Die jugendlichen Fabrikarbeiter«, »Frauenarbeit und Familienwohl«, »Kampf wider die Prostitution«, »Herbergen zur Heimat«, »Das Rettungshauswesen«, »Das Herbergwesen der Handwerksgesellen«, »Die Deutsche Auswanderung«, »Die öffentliche Sittenlosigkeit« u.a.

Es ist die Zeit der ersten industriellen Revolution, die eine gewaltige Umschichtung der europäischen Gesellschaft einleitet. Durch die Fabrikproduktion der Massengüter werden die Handwerker arbeitslos, und es entsteht in den Großstädten ein hoffnungsloses Großproletariat. Soziale Missstände wie 14-Stundentag, Kin-

Berlin: Barrikadenkämpfe in der Breiten Straße am 18. März 1848.

derarbeit, Sonntagsarbeit, ungenügende Wohnverhältnisse, fehlende Kranken- und Altersversicherung und radikale Ausbeutung sind ein Nährboden für aufkommende Aufstände und Revolutionen, z. B. in Paris, Baden, Schlesien und Berlin (1830 und 1848), die eine Abkehr von der Kirche und eine starke Zuwendung zu der Idee des Kommunismus bewirken. Das im Februar 1848 von Marx und Engels in London verfasste »Kommunistische Manifest« gipfelt in der Forderung: Proletarier aller Länder vereinigt Euch.

Bereits seit 1846 hat Wichern in seinen »Fliegenden Blättern« ständig mit prophetischem Weitblick gewarnt, gemahnt und beschworen: »*Kommunismus – der Name wirkt jetzt wie ein Medusenhaupt. Die Furcht geht vor ihm her und lässt das Blut in den Adern der bürgerlichen Gesellschaft erstarren. Und mit Recht.*«

Kinderarbeit in der Fabrik.

Ein historischer Kirchentag

Wittenberg 1848. In der Schlosskirche Martin Luthers sind etwa 500 kirchliche Würdenträger und Mitarbeiter, Staatsmänner, Professoren und Pfarrer zum 1. Deutschen Evangelischen Kirchentag versammelt, um über die Frage der kirchlichen Einheit zu beraten. Zu der Zeit gibt es noch keine einheitlich gegliederte evangelische Kirche, sondern nur territorial bedingte Landeskirchen, denn ein Deutsches Reich existiert noch nicht. Eine gemischte Versammlung, die, wie auch heute, die notvolle pluralistische Zerrissenheit des deutschen Protestantismus widerspiegelt: Konfessionalisten, Liberale, Erweckte, Rationalisten und Pietisten.

Wichern hatte die Einladung zu diesem Wittenberger Kirchentag mit unterzeichnet, allerdings unter der Bedingung, dass unter den Tagesordnungspunkten einer »konföderierten Kirche« das Thema der »Inneren Mission« mit an erster Stelle steht, ein Begriff, der in Hamburg bereits geläufig und in den »Fliegenden Blättern« immer wieder abgehandelt worden war.

Eine Rede mit großen Wirkungen

Das Anliegen Wicherns soll erst am nächsten Tag zur Sprache kommen, aber es besteht die Gefahr, dass es in einen Ausschuss zur Beratung überwiesen und zerredet wird. Als dann das Stichwort fällt, verlangt die Versammlung stürmisch, Wichern müsse sofort dazu das Wort ergreifen. In einer fast zweistündigen improvisierten, aber leidenschaftlichen Rede legt er an dem denkwürdigen 22. September 1848 mit großer Überzeugungskraft seiner begeisterten Zuhörerschaft das strategische Konzept dar, für das er ein ganzes Leben bis zu diesem Tag eingestanden ist.

Eingangs beklagt Wichern, dass es wenig Persönlichkeiten in Deutschland gebe, die auf diesem Gebiet bisher Neues geleistet hätten; im Gegenteil sehe man die Arbeit der Inneren Mission sogar als eine Bestrebung an, die der Kirche entgegenarbeite und sie sogar zu untergraben strebe und vor der man warnen müsse. Dann sagt er wörtlich: »*Wenn nun diese Versammlung es ausspräche, dass der Kirchenbund Förde-*

rung und Schutz dieser Tätigkeit zukommen lasse, dass er die Innere Mission in sich aufnehmen wolle, unbeschadet der notwendigen Freiheit derselben: so würde dieser Arbeit ein Stempel aufgedrückt, wovon ein Gottessegen ausgehen müsste. Es ist dies aber durchaus notwendig, wenn die Innere Mission ihre Tätigkeit überall entfalten soll. Sie kann vielfach keinen organischen Anknüpfungspunkt finden, wenn der Kirchenbund nicht die Erklärung ausgehen lässt, für sie einen geistigen Mittelpunkt abgeben zu wollen. Außerdem scheint es mir innerlich ganz notwendig, dass der Kirchenbund die Sache als die seine bekenne, wenn die Kirche der Quell alles christlichen Lebens im Volk sein will.« Gleichzeitig widerspricht er dem Irrtum, dass es bei dieser Bemühung nur auf Rettung der Armen und Ungebildeten ankomme; sie gelte ebenso sehr der Rettung der Reichen und Gebildeten.

Wichern geht es also um die Integration einer ganzheitlichen evangelisatorischen und diakonischen Inneren Mission in der offiziellen Kirche und räumt deswegen auch mit missverständlichen Vorurteilen auf: *»Ich erkenne die Taufe im lutherischen Sinne; schon durch diese Bemerkung werden die, welche meinen, die Taufe werde von der Inneren Mission verleugnet, ihre Bedenken aufzugeben... Es kommt darauf an, ob es inmitten der Christenheit eine Gesinnung und Lebensgestaltung gibt, welche dem Heidnischen sich nähert. Der Beweis ist zu führen... Den Beweis für die Berechtigung und Notwendigkeit der Inneren Mission hat inzwischen die ausgebrochene Revolution geführt, unsere deutsche mehr als die französische.«*

Als würde Wichern heutige Zustände beschreiben, wenn er der Versammlung darlegt, dass Hunderttausende, namentlich in den größeren Städten, dahinlebten, ohne je das Wort Gottes zu hören. Denn als einer der Hauptgrundsätze müsse gelten: Kommen die Leute nicht in die Kirche, so habe die Kirche zu den Leuten zu kommen: »*Durch die Innere Mission muss die Kirche sich die Aufgabe setzen, nicht zu ruhen, bis wieder alle die Verkündigung von dem Sohn des lebendigen Gottes vernehmen.*« Konkret wird Wichern, wenn er in einer großen Zusammenschau auf Luthers Forderung nach dem allgemeinen Priestertum der Gläubigen, den durch Spener eingeleiteten Aufbruch des Pietismus mit dem von A. H. Francke begründeten Werk der Barmherzigkeit in Halle und aktuelle volksmissionarische Bestrebungen in England verweist, um dann zu fordern: »*Wir müssen Straßenprediger haben, vornehmlich in großen Städten. Die Straßenecken müssen Kanzeln werden, und das Evangelium wird wieder zum Volke dringen.*«

Alles gipfelt dann in seinem viel beachteten Appell in dem konkreten Ruf zu einer wirksamen Buße: »*Demütigen wir uns alle vor dem Herrn! Es ist hier eine gehäufte Schuld nicht der Einzelnen, sondern der Gesamtheit, eine Schuld nicht bloß dieser Generation, sondern eine ererbte und eine von Jahrhundert zu Jahrhundert vererbte Schuld: eine Schuld, die jetzt im neu anbrechenden Zeitalter der Welt gesühnt werden soll. Diese Buße würde der Grenzstein zwischen der alten und der neuen Zeit in unserer Kirche sein, und die neue Zeit und ihre Früchte würden herrlicher werden als die alte mit ihrem Ende. Denn die aus der Buße hervorgehen, werden im Glauben auferstehen zum großen Werk der Errettung des Volkes aus der Sünde und Elend durch Christi Kraft und Herrlichkeit. Die Gesamtheit*

Die innere Mission

der

deutschen evangelischen Kirche.

Eine Denkschrift an die deutsche Nation,

im Auftrage

des Centralausschusses für die innere Mission

verfaßt von

J. H. Wichern.

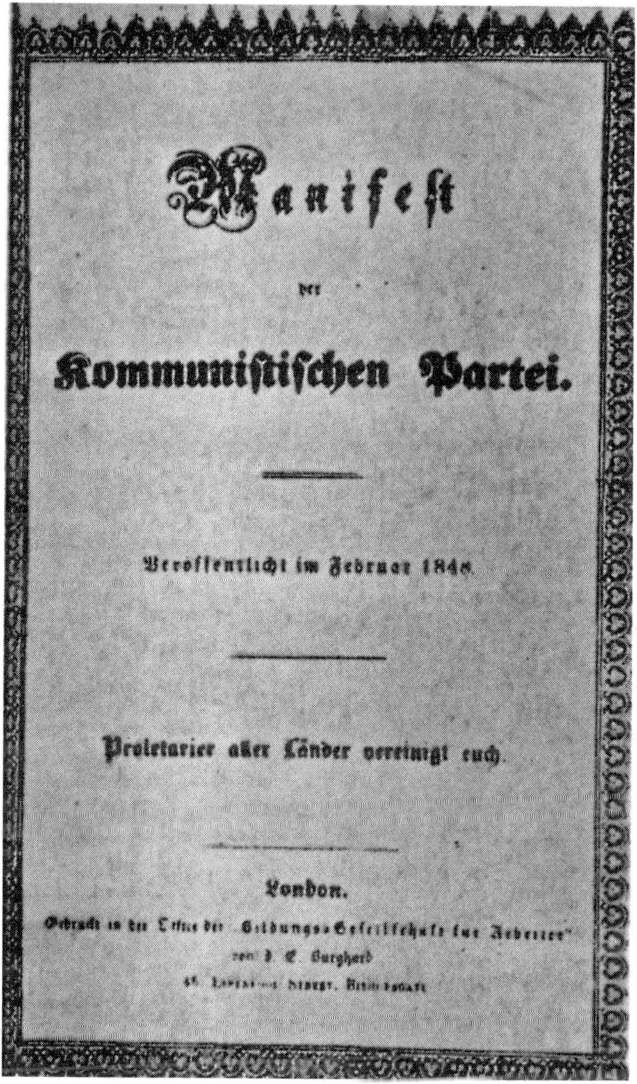
Manifest

der

Kommunistischen Partei.

Veröffentlicht im Februar 1848.

Proletarier aller Länder vereinigt euch.

London.

Gedruckt in der Office der „Bildungs-Gesellschaft für Arbeiter“

von J. E. Burghard

46, Liverpool Street, Bishopsgate.

der Kirche erkenne solches Tun an; alsdann wird der Kern und Schatz der evangelischen Kirche, das allgemeine Priestertum, das uns minder als ein Recht denn als eine Pflicht galt, das seinen Mittelpunkt und Schutz hat in dem von Gott verordneten Amte, es wahr zu machen, dass je mehr und mehr das Senfkorn der Inneren Mission wächst und als ein alles überschattender Baum die rettende Macht des Herrn an unser ganzes Volk verkündet. So betrachte ich die Innere Mission, so begründe ich meinen Antrag, der im Allgemeinen dahin geht, dass unter die Gegenstände, mit denen die konföderierte Kirche zu tun haben wird, die Innere Mission aufgenommen werde.«

Das zeitgenössische Protokoll über diese berühmte Rede hält fest: »Auf diese Rede, die nur fragmentarisch hat wiedergegeben werden können, spricht der Vorsitzende unter allgemeiner Zustimmung gegen Wichern den freudigsten Dank für diesen Vortrag aus. In der Abstimmung wird einstimmig angenommen: ›Förderung christlich-sozialer Zwecke, Vereine und Anstalten, insbesondere der Inneren Mission‹. Danach ... wurde die Gründung des ›Ausschusses für die Innere Mission‹ beantragt, die dann unter dem Namen ›Centralausschuss...‹ ins Leben trat.« Wichern wird von der Versammlung beauftragt, seine Gedanken in einem schriftlichen Konzept zu veröffentlichen: »Die innere Mission der deutschen evangelischen Kirche. Eine Denkschrift an die deutsche Nation« (1849).

Seiten 54 und 55: Zwei Publikationen, zwei Wege: Wicherns Denkschrift und das Kommunistische Manifest von Marx und Engels erscheinen fast zur gleichen Zeit.

Der Herold der Inneren Mission

Wicherns Auftreten 1848 in Wittenberg zeigt große Wirkungen. Schon im gleichen Jahr entstehen in Hamburg, im Rheinland und in Baden Vereine für Innere Mission. Die Gründung des hamburgischen Vereins hat er selbst in die Hand genommen, bei der des rheinischen Provinzial-Ausschusses beratend mitgewirkt und bei der Durlacher Versammlung des badischen Landesvereins am 10. Oktober 1849 eine aufrüttelnde Rede gehalten. Als Promotor seiner Wittenberger Forderungen reist er nach Berlin, wo er einflussreiche Persönlichkeiten wie den späteren Reichskanzler Theobald Bethmann-Hollweg als Vorsitzenden gewinnen kann; in Stettin macht er die Erfahrung von Flügelkämpfen in der dortigen Inneren Mission, da konfessioneller und parteiischer Streit zwischen Lutheranern, Baptisten sowie Demokraten, Liberalen und Konservativen den eigentlichen Auftrag in den Hintergrund treten lassen.

Eine spätere Süddeutschland-Reise bringt eine doppelte Erfahrung: Der Offenheit in Erlangen, die eine Gründung des Vereins mit einem klaren Konzept für Rettungshäuser bewirkt, steht Wichern in dem überfüllten Nürnberger Rathaussaal einem Bollwerk »theologischer« Ablehnung und großem Misstrauen entgegen. Nach einem fünfstündigen »Verhör«, dem er sich argumentativ und für seine dringende Sache werbend stellt, ist dann der Durchbruch geschafft, und es folgen Einladungen zu weiteren Vorträgen. Eine kräftezehrende Reisetätigkeit, die ihn an den Rand körperlicher und psychischer Erschöpfung bringt! Und das alles bei stärkster

Inanspruchnahme in der Leitung des Rauhen Hauses mit den täglichen Problemen der Führung sowie der Gewinnung von Mitarbeitern, den notwendigen Baumaßnahmen sowie der Arbeit im Centralausschuss, der sich neuen Anforderungen zu stellen hat:

Ein Auswandererlager in Hamburg.

Bedingt durch die extreme Sozialnot entsteht eine große Auswandererwelle nach Nordamerika, die eine wirksame Betreuung nicht nur in den Hafenstädten, sondern auch bei der Überfahrt und in der neuen Heimat erforderlich macht. Dazu kommen die Fluktuation der wandernden Handwerksgesellen, denen der Rechtswissenschaftler Clemens Perthes in Bonn 1854 die erste »Herberge zur Heimat« schafft, sowie die elende Situation der Fabrikarbeiter, der anwachsende Alkoholismus und die ansteigende Zahl der Prostituierten in den Großstädten, von denen etwa 100 000 allein im »Bauch« von London geschätzt werden. Aber gerade in dieser Stadt, wie Wichern auf einer kritischen Studienreise nach England in die Hochburg des Frühkapitalismus erfährt, arbeiten viele der 10 000 ehrenamtlichen Helfer in sogenannten City Missions, Sonntagsschulen und wohltätigen Vereinen, um landesweit aus christlicher Verantwortung den brutalen, menschenverachtenden Auswirkungen der hektischen Industrialisierung auf ihre Weise zu begegnen und doch kein politisches Bewusstsein geschweige einen durchgreifenden Wandel im Blick auf die unerträglich krassen sozialen Unterschiede bewirken zu können.

Der König und der Kandidat

Für Wichern ist es bedeutsam und ein großer Einschnitt in seinem Leben, dass der König von Preußen, Friedrich Wilhelm IV., nach der Verfasssung »oberster Bischof« der evangelischen Kirche im Staat, auf den Kandidaten der Theologie und Vorsteher des Rauhen Hauses aufmerksam wird. 1857 wird der Bürger der hamburgischen Republik und Hansestadt nach Berlin ins Innenministerium und Konsistorium berufen, um durchgreifend das Gefängniswesen zu reformieren, ein Anliegen, für das ihm in den Studentenjahren schon Dr. Julius viele Anregungen geben

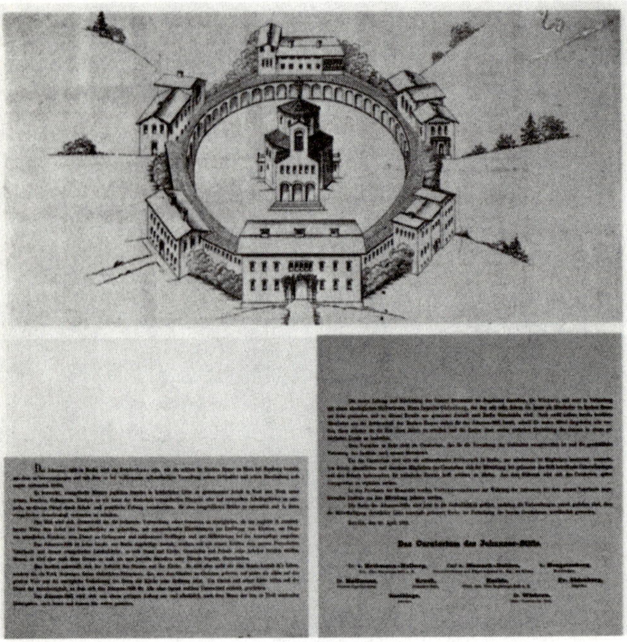

Plan und Wirklichkeit: Am 25. April 1858 rief Wichern in einer öffentlichen Versammlung in der Singakademie in Berlin das Johannesstift ins Leben, bei der, wie damals in Hamburg, ein informierendes Blatt mit der geplanten Bauskizze verteilt wurde.

konnte. Wichern, in Angelegenheiten des Centralausschusses häufig in Berlin, war bereits vorher dem König an seinem Hof in Potsdam zu einem sachkundigen Berater geworden. So wohnt er in Hamburg und in Berlin, um von hier als »Bruder der Gefangenen« nach harten, langwierigen politischen Auseinandersetzungen die überfällige Reform des Strafvollzugs durch Einführung der Einzelhaft, verbunden mit dem Einsatz eines qualifizierten Personals, in die Wege zu leiten. Als Musteranstalt war in dem großen Arbeiterghetto die »Neue Strafanstalt in Moabit zu Berlin« gedacht, die in vier Flügeln 508 Einzelzellen enthielt, und in der als Aufseher Brüder des Rauhen Hauses dienten.

Johannesstift in Berlin am Tegeler Forst beim Plötzensee.

1858, 25 Jahre nach der Gründung des Rauhen Hauses, betreibt der unermüdliche Wichern in Berlin das Entstehen des Johannesstiftes. Von Anfang an war es als Brüderhaus gedacht, denn die Arbeit der Brüder sollte damals neben der Jugenderziehung vor allem den Familien von Strafgefangenen und den Entlassenen dienen. 1864 erwarb das Johannesstift dann ein Grundstück in Plötzensee, und schon im folgenden Jahr bot es hier das Bild einer kleinen ländlichen Siedlung.

Die letzten Jahre

Auf Antrag Wicherns findet 1871 in Berlin die kirchliche Oktoberversammlung statt, auf der er seine letzte große Rede hält: »Die Mitarbeit der evangelischen Kirche an den sozialen Fragen der Gegenwart.« Sie atmet noch den alten Geist des sozialreformerischen Christen und Menschenfischers. Und doch: während er früher mitreißend, ohne Vorlage sprach, liest er jetzt mühsam Wort für Wort von seinen Skizzen. Schon Anfang Juni des gleichen Jahres hatte ihn ein erster Schlaganfall getroffen. Einem Mitarbeiter gesteht er im Februar 1873 seine Sorge um seine nachlassenden Kräfte. Seine Energie schwindet zusehends, und er versinkt in Resignation, Niedergeschlagenheit und auch Glaubenszweifel.

Am 5. April 1874, in der Nacht zum Ostersonntag, trifft ihn erneut ein schwerer Schlaganfall; er erhält am 22. Oktober 1874 die erbetene Entlassung aus dem Staatsdienst. Die folgenden Jahre verbringt er im Rauhen Haus, eine Zeit des qualvollen Leidens. Schon 1877 übergibt er seiner Frau seine »letzte Bestimmung«, um sich nur noch geistig zu beschäftigen und das geliebte Johannes-Evangelium in sein Tagebuch abzuschreiben. Auch in dieser angefochtenen Situation seines Lebensabends gilt als sein Leitwort und die Quintessenz für sein am 7.4.1881 vollendetes Leben die Inschrift auf seinem Grabstein aus 1. Johannes 5,4: »Unser Glaube ist der Sieg, der die Welt überwunden hat.«

»Der Pietist mit der fröhlichen, weltoffenen Seele«

So nannte der große Sozialpolitiker Friedrich Naumann (1860–1919) den Bahnbrecher der Inneren Mission in Deutschland. Der Hofprediger Wilhelm Baur brachte anlässlich der Trauerfeierlichkeiten an der Familiengruft die eigentliche Treibkraft dieses Zeugen Jesu auf den Punkt, dessen Glaube sich ohne Rücksichtnahme auf widrige Umstände so wirkungsvoll für die Armen und Schwachen sowie die Massen der Entkirchlichten einzumischen verstand: »Ich habe keinen kennen gelernt, dem die Ehre dieser Welt weniger gegolten hat als Wichern. Seine Ehre ist der Segen, den Gott auf sein Leben gelegt hat.«

Seine bleibende Bedeutung für eine Kirche von morgen hat der Verfasser von Wicherns Lebensbild zum 100. Geburtstag, E. Knodt (1908), zusammengefaßt: »So liegt also Wicherns kirchengeschichtliche Größe darin, dass er, reich begabt, gründlich durchgebildet und in hervorragender Weise praktisch veranlagt, getrieben von dem lebendigen Glauben an den gekreuzigten und auferstandenen Heiland und erfüllt von glühender Nächstenliebe, durch Gottes Gnade der Vater und Herold der Inneren Mission geworden ist, weil er der mit Beweisung des Geistes und der Kraft zeugende Prophet von den unverbrüchlichen Pflichten des allgemeinen Priestertums war. Er hat Luthers und Speners Reformationsgedanken mit Erfolg weiter durchgeführt. Sein Gedächtnis bleibt im Segen. Unserer Zeit hat Wichern noch sehr viel zu sagen; ob und wie sie auf ihn hören wird, davon hängt die Zukunft unserer Kirche als Volkskirche ab.«

hänssler

Wege des Lebens

In der Reihe sind bisher außerdem folgende Titel erschienen:

Oskar Schnetter
Lebens-Ziele
Nr. 392.677, ISBN 3-7751-2677-5

Folkert Ihmels
Gottes-Gaben
Nr. 392.676, ISBN 3-7751-2676-7

Theodor Schober
Unterwegs Gott begegnen
Nr. 392.984, ISBN 3-7751-2948-0